JUVENTUD CANSADA

JUVENTUD CANSADA

PEDRO ROBLEDO

Diseño de portada
DIANA MATARRANZ

Prólogo de
DANIEL SANCOSMED

JUVENTUD CANSADA

Pedro Robledo

Madrid, enero 2017

Prólogo de Daniel Sancosmed Masiá

Cubierta de Diana Matarranz Salinas

Ilustración de contraportada basada en la fotografía de la modelo Eva Vilor, por el fotógrafo Sebas Oz

ISBN edición papel: 978-84-617-6876-9

ÍNDICE

BOLA EXTRA

PRÓLOGO

Bienvenidos al sentimiento más aterrador que un joven puede tener: ser consciente de que la juventud es un recuerdo. Todo ello puede verse agravado por un mundo que no es un amigo protector, sino un elemento más que intensifica el miedo, la nostalgia, la melancolía, la desesperanza y la desesperación. El dolor.

El dolor por el cambio de vida, esa vida formada durante la adolescencia a base de pequeños momentos, de responsabilidades limitadísimas y de espíritu inquieto que se van transformando en responsabilidades enormes y poco recompensadas, un estilo de vida más conformista que deja poco tiempo para el autoconocimiento. Y es al darse cuenta de ello, al alcanzar la madurez, al ver que no se puede huir y que aunque se pudiera no cambiaría nada, cuando los recuerdos se confunden con el hoy y surge el miedo y la añoranza por lo que se tuvo y no se volverá a tener jamás.

En esta situación se encuentra el yo que nos presenta Pedro Robledo. Un yo totalmente dispuesto en la mesa del quirófano, permitiendo incluso ser abierto en canal. Un yo que (con)funde los recuerdos con el hoy, acechado por cuervos (¿reales o imaginarios?). Un yo empujado por sus propias circunstancias y por ese Madrid muerto o agonizante que lo empuja lejos, anhelando "un viaje lo más lejos posible de mí mismo". Un yo, en fin, en un mundo que le empobrece tanto económica como intelectualmente.

Con un lenguaje profundo y directo, marcado por el campo semántico del dolor (lágrimas estrellándose, prisiones oscuras, hermosa nada), la moneda vuelve a caer por el lado de la tristeza y la soledad. Esa "soledad fría" que acaba convirtiéndose en una soledad querida y buscada y que provoca a la vez pena y protección. Se deja entrever, sin embargo, un cierto inconformismo marcado por los silencios, pues pesa más el ansia por separarse de ella que la reflexión que produce. Ese silencio, unido a esa nada "en cuyo regazo nos queremos rendir", se convierte en un recurso poético, cuya mención proporciona un entorno y una sinceridad más real que el acto en sí. Todo ello queda aderezado por una constante dualidad entre todo y nada; el miedo a apostar por todo y/o a quedarse sin nada.

Sólo queda una única opción, pues, en esta ciudad que exprime hasta la última gota de sangre: "Es entonces cuando mi / voz despierta, se despereza, / y me saluda. / Y entonces, / escribo y escribo". Y Pedro escribe porque de verdad tiene algo que contarnos, y sabe contárnoslo con sinceridad, hondura, con un silencio amigo que protege de la nada que invade al mundo y de momentos como ese en que "la luna me está llamando / pero yo no recuerdo mi nombre".

Daniel Sancosmed Masiá
Copenhague, noviembre de 2016

INTRODUCCIÓN

Escribí estos poemas para responder a la necesidad vital de iluminar el lado oscuro de la estancia. Esa parte de la habitación que cada vez es más y más extensa.

Creo que hoy es más necesario que nunca reivindicar el valor de la tristeza, porque es en la tristeza donde encontramos la profundidad. La verdad.

La tristeza, reflejo de la pérdida, esencia de lo que llamamos vida. Nos recuerda constantemente lo que somos.

Pienso que no hay nada más lúcido que saberse perdedor en una partida imposible de ganar.

Y desde ese ángulo triste y oscuro, pero lúcido, nace mi *Juventud cansada*.

Pedro Robledo
Madrid, enero de 2017

NUEVA INTRODUCCIÓN

Han pasado unos cuantos años ya desde la publicación de este primer poemario, y escribo estas breves líneas desde el agradecimiento más sincero por la gran acogida que ha tenido este primer esfuerzo.

No esperaba que tanta gente se pusiera en contacto conmigo a través del correo electrónico para darme las gracias, o para expresarme algunos de los sentimientos que este pequeño libro iba aflorando según se avanzaba en su lectura.

Algunos lectores me han preguntado por qué el poemario es tan breve. Sospecho que se debe a un tema personal, ya que disfruto mucho más de los poemarios cortos que de los que son demasiado extensos, y lo mismo me sucede con los poemas. Además, dedico más tiempo a editar, y especialmente a borrar, que a escribir.

Supongo que si los lectores se quedan con la sensación de que el poemario debería ser algo más largo, es una buena señal. También es una forma de sugerir un tipo de lectura, que otra vez, es el tipo de lectura que yo más disfruto.

Cuando no hay doscientas páginas esperándonos, sino que

la extensión de la obra es breve, podemos relajarnos, ralentizar el ritmo de lectura, y -ojalá- detenernos en algún verso que nos despierte algo, o que parezca que haya sido escrito exactamente para nosotros.

Este pararse en la lectura, disfrutar de las emociones evocadas - tal vez algún recuerdo -, en una sociedad en la que todo lo hacemos con prisa y corriendo, es una pequeña victoria personal de cada uno de nosotros. Un trocito de magia que permite a veces la poesía. Escaparnos de la realidad, evadirnos incluso del mismo libro que tenemos entre las manos, y sentirnos libres y humanos.

Y después, volver a los automatismos, a enfocar otra vez nuestras pupilas en el negro de las hojas, pero con la libertad de tener todo el tiempo del mundo, porque la faena no aprieta - el texto es breve -. Perdernos en dirección contraria, releyendo una y otra vez versos o poemas, dándoles la vuelta, buscando entre los rincones oscuros intenciones, al autor, o incluso a nosotros mismos.

He querido aprovechar el paso del tiempo para eliminar algunas citas y modificar algunos poemas, a veces en extensión -siempre hacia la brevedad-, otras veces modificando varios versos. Para ser honesto, creo haber escrito tan solo dos o tres poemas - en el mejor de los casos - que realmente valgan la pena. El resto se me antoja puro escenario, pero necesarios en todo caso para que estos primeros puedan existir y tengan un lugar en el que habitar y poder salir a escena.

Obviamente, cada lector tendrá sus preferidos, y espero que de todos, o de la mayoría, cada persona que acuda a ellos encuentre algo que compense su generoso esfuerzo.

Ahora que estoy inmerso en la edición y próxima publicación de mi segundo poemario: *Dios ¿Sigues ahí?*, me ha hecho especial ilusión volver a este primer trabajo con la intención de pulirlo en contenido pero también en su forma.

He querido seguir avanzando en mi libertad de creación como escritor, realizando tanto la edición como la maquetación del libro físico y del digital.

No es un trabajo tan apasionante como el de escribir, pero consigo más control sobre la experiencia de lectura. Me genera cierta satisfacción saber que el lector que se acerque ahora a *Juventud cansada*, encontrará el texto un poco más cerca a lo que tenía en mente en cuanto a presentación y estética, con todas mis limitaciones técnicas, de conocimiento, y por supuesto de experiencia.

De esta forma, puedo ofrecer al lector algo más de mí entre estas páginas, más allá de la propia poesía.

Esto me recuerda, para terminar, la preocupación que han generado algunos de los poemas del presente libro en mi círculo más cercano. Nadie se alarme. Siendo cierto que el artesano hace cestos con sus propios mimbres, una cosa es el cesto, y otra distinta el artesano.

Pedro Robledo
Alcobendas, noviembre de 2020

No me considero un pesimista.
Creo que un pesimista es alguien que está esperando que llueva.
Y yo me siento empapado hasta los huesos.

— LEONARD COHEN

AHÍ AFUERA

Ahí afuera.

Tú
y todos
vosotros.

Ejército de masas.
Inquisidores de mi mente enferma.

EL PESO DE LOS SUEÑOS

JUVENTUD CANSADA

Juventud cansada
del peso de sus sueños,
rotos a pedazos.

Cansada de las
madrugadoras canas
que la despiertan.

Cansada de las
continuas promesas
que la adormecen.

De pasar
sin hacer ruido.

De tener
que esperar turno.

De que no
salgan sus números.

De los requerimientos,
certificados y apremios.

De *"lo peor
ya ha pasado"*.

De *"lo mejor
aún no ha venido"*.

Cansada de estar
continuamente agradecida.

Cansada de estar agotada
de estar viva.

AHORA QUE

Hice todo lo que se suponía
que tenía que hacer.

Hice todo lo que me dijisteis.
Tú, y todos vosotros,
ejército de masas.

Me asfixié en vuestros moldes
adaptando mis esquinas.

Esas esquinas
silenciosas y oscuras
en las que yo era yo.

Y salí uno más de los vuestros
pero nunca fui de los vuestros.

Hice todo lo que se suponía
que tenía que hacer.

Os entregué mi adolescencia
y me entregasteis finalmente
una extrema juventud cansada,
con todas las puertas cerradas.

Y no lo entiendo.

Porque yo hice todo lo que se
suponía que tenía que hacer.

Y ahora que yo
ya no soy yo,
que tan sólo soy
uno más de los vuestros
sin ser de los vuestros

que tan sólo soy
otro eslabón cobarde
de esta triste mediocridad.

¿Quién se supone que soy?

UN LUGAR LLAMADO VIDA

Recorro cansado un camino inútil,
que no me lleva a ningún sitio más
que a mí mismo.

MENSAJE EN CLAVE

Entró un mosquito
persiguiendo un sueño.
Yo soñaba despierto
una noche de verano
flotando en la lectura.

Se posó en las páginas
formando una letra,
como si quisiera escribirme
un mensaje en clave.

Negro sobre blanco.

Agité la página con suavidad
y la letra se movió.
Ascendió lentamente
en una bella espiral de pasión,
atraída por un sueño.

Mi sueño quebró.
Desperté a la realidad
de un mosquito
abrasado por la luz
de mi lectura.

Y su mensaje en clave.

A SOLAS

Escucha la noche.

Lágrimas estrellándose contra el suelo,
corazones agónicos,
últimos latidos,
huesos tumefactos entre cartones,
tripas hambrientas,
sueños rotos.

No hay nada más triste que la noche,
cuando te quedas a solas
con la verdad del mundo.

¿De qué vais a hablar?

Pasan las horas
y eres incapaz de decir nada.

Tú,
y la verdad del mundo.

A solas.

Y no sabes qué decir.

Tú,
y la verdad del mundo.

A solas.

MOVILIDAD EXTERIOR

Marchar
y buscarme la vida
en otro país.

Y el miedo a encontrarme.

A no reconocerme.

PASO A PASO

¿Quién quiere ser feliz?

O mejor

¿Quién puede ser
suficientemente
egoísta para ser feliz?

Ser feliz...

Mejor lograr primero ser.
Y luego ser uno mismo.
Y después ser para los demás.

Y entonces, sí.

CORAZÓN APASIONADO

Confieso
haber llorado.

Confieso
haber llenado
el silencio de agujeros
con los dolorosos latidos
de un corazón apasionado.

ESTO NO ES VIDA

Mi mente no puede
deshacer lo que está hecho,
en cambio
es capaz de oler mi agonía.

Excesos del pasado
se mezclan
con arcadas del presente,
mientras aquella luz de ayer
da vida
a la oscuridad de hoy.

¿Recuerdas esa angustia
de querer vomitar
y no poder?

Los chicos no lloran,
las mentes no vomitan.

¡Te busco desesperadamente
oh, vida!

LA VIDA ES ELECCIÓN

Dicen que la vida es tiempo
pero en realidad es elección.

Tenemos que
decidir
escoger
apostar.

No se puede tener todo
ni quererlo todo
ni a todos.

Dicen que la vida es tiempo
pero en realidad es elección.

Tenemos que
escindir
amputar
cercenar.

Como un leñador y su hacha
un golpe tras otro
un árbol tras otro
un día tras otro
consumiéndonos en cada decisión.

Nuestro cielo es nuestro infierno:
Quererlo todo, amarlo todo,
pero todo nunca es suficiente.
All you need is more.

DESHAZTE DE TODO

Para el señor Tarzán

Todos queremos todo
pero es la nada
la que da valor a todo.

Abraza la nada,
deshazte de todo.

Nadie quiere la nada
y sin embargo, todo
nunca es suficiente.

Todo pide.
La nada ofrece.

¡Vente!

Al final en la nada,
nos encontraremos todos.

LA MUERTE DE LA INOCENCIA

"Oh cuervo,
guíame al calor de mis heridas,
senderos sensuales, tramposos,
me llevaron muy lejos de mí".

El cuervo espera
mirándome a los ojos,
mientras abandono a la inocencia,
o es ella
la que me abandona a mí.

La ilusión, amiga invisible
traidora tangible de la inteligencia,
mantiene a la experiencia ciega,
mientras la sangre lo llena todo.

El vacío grita de dolor
y me abandono finalmente a la vida
emparedado en los muros fríos
del templo de la sabiduría.

La ilusión despliega
en vano sus alas,
la elección está tomada.

Es el momento del cuervo.
Es el triunfo de la decadencia.

EL PESO DE LOS SUEÑOS

Nací para ser libre.

No para tener dueños.

Y sin embargo

nadie se atreve
a aliviar el camino
del peso de los sueños

DETRÁS DEL SILENCIO

NADIE TE LO DICE

Madrid,
sé que estás muerta.

Veo tus rígidas arterias de asfalto
por las que circulan nuestras vidas,
alimentando tu cuerpo putrefacto.

Madrid, no me engañas,
sé que estás muerta.

Toda tú eres un cementerio gigante
y sé que me quieres también cadáver,
enterrado en tus centros comerciales.

Madrid, no disimules,
sé que estás muerta.

Tus restos descansan en mi cansancio
y el luto lo llevo a diario en mis ojeras,
regadas en la ansiedad que me generas.

Madrid, admítelo de una vez,
estás muerta.

A día de hoy, a lo único que aspiro,
es que me dejes ser hoja de hierba.

SILENCIO REDENTOR

Cuando entre el silencio por la puerta
no le asustes o saldrá corriendo.

Déjale a su aire,
que se sienta cómodo,
y poco a poco déjate querer por él
hasta que sientas su cálido abrazo.

Cuando entre el silencio por la puerta,
abrázalo con todo tu corazón
y todo lo demás saldrá por la ventana.

Poco a poco déjate querer por él
hasta que te perdones a ti mismo.

ESCRIBO CANSADO

Escribo cansado
con la esperanza de
que el cansancio
se acabe cansando de mí.

Escribo y escribo
mientras
mi mente agotada
cae a peso muerto,
en el profundo pozo
de lágrimas y sueños.

Estoy terriblemente cansado
y me duele todo el cuerpo.

Escribo y escribo
y mi mente apagada
retumba contra el fondo
del pozo negro.

Es entonces cuando mi
voz despierta, se despereza,
y me saluda.

Y entonces,
escribo y escribo.

ENEMIGO ÍNTIMO

Me ahogo
en el mar de mi ansiedad,
en el desierto de mis deseos,
dentro de mí mismo.

Artesano emocional del pesimismo,
enemigo íntimo día tras día.

Ardo tan solo en los infiernos
que voy creando a mi medida.

SI ESTO ES TODO LO QUE TENEMOS

¿De dónde sale esta camisa de fuerza
que aprisiona la bestia que me habita?

¿Por qué no quererlo todo,
cogerlo todo,
aquí y ahora?

Si esto es todo lo que tenemos
y sólo lo tenemos por un tiempo
¿cómo ser ángel en el infierno?

Si esto es todo lo que tenemos
y sólo lo tenemos por un tiempo
liberemos la bestia que llevamos dentro.

En mi oscura soledad confusa,
me tumbo y abro mi cuerpo
para ser leído
por los poetas muertos.

Les escucho recitar:

*"Frente a la levedad del ser,
la gravedad del alma."*

Con eso me vale.

LO HAGO SIN QUERER

Tengo la costumbre
de entrar en el alma
de la gente sin llamar.

Es algo parecido a
hacer el amor,
pero con la mirada.

Cuando veo unos ojos
no veo ojos a los que mirar,
sino una mirada que sentir.

A veces dejo a esa mirada
pasar y que me inunde.
Cuanto más penetre en mí,
más entro yo en su alma.

Soy un hombre callado,
de muy malas costumbres.

LA PRISIÓN MÁS OSCURA

La prisión más oscura
es invisible.

El deseo me quema,
la tristeza me mata.

Siento el hedor
hemanando del fondo
de mi pozo negro.

¡Apesta!

Los pensamientos inquietos
poco a poco me devoran vivo.

Me aterra mi obsesión:
escapar de esta prisión,
lejos de mí mismo.

MAESTRA

La soledad,
ensayo de la muerte.

Humildemente soy
alumno aventajado.

SILENCIOSA SIRENA

El dolor que nace aquí dentro
me marca como si fuera suyo.

La tristeza ya no es triste
porque nada queda ya que entristecer.

La nada,
estación donde aguarda el descanso.
Donde el dolor puede seguir su camino sin mí.

Hermosa nada,
sueño con rendirme
en tu regazo,
sentir que me rodeas
en un suave abrazo
de finitud.

Sueño que el dolor
ya no es mi amo,
y soy libre.

PROCRASTINANDO

Son las doce
menos cinco.

Y todavía sin morir.

NO TARDES

Siento el peso de la ansiedad
como una piedra de molino
encima de mis hombros,
moliendo mi mente
un día detrás de otro.

El paisaje es bucólico,
el molino hermoso,
y el río llega hasta él
limpio y tranquilo.

Haz un esfuerzo
y abre su puerta.

Pero no tardes.

No sea
que lo único
que encuentres,
sea polvo de sueños.

DETRÁS DEL SILENCIO

Me cansa tanta conversación,
tanta palabra.

Todo el mundo hablando
todo el tiempo.

Y luego, no recuerdo nada
ni a nadie.

No vale la pena el esfuerzo.

Sólo me interesa el vacío,
la nada.

Detrás del silencio,
me escondo todo el tiempo.

VIAJE DE PLACER

Entré a una agencia de viajes
para comprar un viaje de placer.

Un viaje
lo más lejos posible
de mí mismo.

TODO LO QUE NUNCA LES DIRÉ

Estoy cansado de los conocidos.
Esos que se acercan y
me paran por la calle
para hacerme preguntas.

Mis amigos en cambio,
dejan hablar al silencio.

Les vale una mirada limpia,
una sonrisa que muestre el corazón
para saber todo lo que quieren saber.

Todo lo que nunca les diré.

EN EL FONDO, NADA GRAVE

Dedicado a Olga

Acércate a mí
(si es que te dejo)
y no te asustes
por el apestoso hedor
que me acompaña.

Acércate a mí
(si es que te dejo)
y no te acostumbres
al sabor de mi piel
seca y amarga.

Mi pozo negro es profundo.

En el fondo, nada grave,
tan sólo lágrimas y sueños
pudriéndose desde hace tiempo.

Quédate aquí,
descansa a mi lado
y no te resignes
a mis sentimientos
amurallados.

Mi pozo negro está seco
y todo pozo seco
necesita un manantial
que lo ame.

DE LAS FLORES SECAS

Crecí queriendo ser una flor
pero terminé siendo una piedra
como mi nombre, pedro, petrus.

Crecí queriendo abrirme al mundo
y regalar a todos mi dulce fragancia
y la honestidad de mis frágiles pétalos.

¿Cuántas flores se pisan cada día?

No es nada personal, es la propia vida.
La razón estadística que cumple afanosa.

Las suelas de zapato manchadas de confianza
saben que las piedras más duras
nacen de las flores secas.

NADA DE FIESTAS

Hay un hombre
en medio de esta fiesta
que no baila
porque no la entiende.

Sólo su cuerpo está presente.

Le pregunto:

¿Dónde estás realmente
todo este tiempo?

Me responde:

a la sombra del silencio,
donde descansa el tiempo.

AUTORRETRATO

Soy la ansiedad
de la hoja de hierba
creciendo en el asfalto.

BOLA EXTRA

CONSEJO

Si quieres leer el alma de la gente
no puedes ser el artista que escribe,
sino la hoja en blanco que se ofrece.

Espero que hayas disfrutado de este rato de lectura y quiero darte desde aquí todo mi agradecimiento por haberle dado una oportunidad a este libro.

Escribir es un acto solitario. Leer también lo es. Por eso agradeceré que cruces el puente imaginario que va desde la soledad de la lectura, a las opiniones compartidas, e incluso a las recomendaciones - si es el caso -.

Escribir a veces es un camino cuesta arriba. Autopublicar es gratificante, pero también mucho más complejo y laborioso. No tienes el apoyo de un editor, ni un equipo de marketing y publicidad que promocione tu obra, consiga entrevistas, y coloque tu libro en los estantes de las principales librerías.

Por eso es tan importante tu apoyo. Si has llegado hasta aquí, quiero que sepas que **tu opinión importa**. Tu opinión puede ayudarme a llegar a más lectores, a darme cuenta de lo que funciona, y lo que debo mejorar. Tu opinión marca toda la diferencia.

Por tanto, quedaré muy agradecido si te animas a formar
parte de todo esto y dejas tus impresiones sobre el libro en tu
sitio preferido, ya sea Amazon, Goodreads, o cualquier otra
red social o librería online.

Me encantará conocer tu opinión, saber qué versos te han
gustado más, cuál ha sido tu poema favorito, o recibir cual-
quier duda o inquietud que quieras hacerme llegar.

¡Muchas gracias por tu apoyo!

ACERCA DEL AUTOR

Pedro Robledo (Madrid 1979). Creció en el barrio madrileño de Ascao. Cursó su formación básica en el Colegio Mirasierra y más tarde ingresó en la Universidad Complutense de Madrid para estudiar Ciencias Políticas y de la Administración.

Su carácter diplomático sale a la luz cuando dice que le gustan tanto los gatos como los perros, pero en realidad vive muy bien sin ninguna mascota.

En 2017 escribió su primer libro de poemas titulado "Juventud cansada", que tuvo una excelente acogida con más de 1.000 lectores y una valoración en Amazon de 4,7 sobre 5 estrellas. En diciembre de 2020 autopublicó la segunda parte de la trilogía del desánimo, un nuevo poemario titulado "Dios, ¿sigues ahí?".

Puedes suscribirte gratuitamente a su newsletter (casi) semanal:

https://www.peleandoalacontra.com/

instagram.com/probledo

goodreads.com/pedrorobledo

amazon.com/author/pedrorobledo

www.ingramcontent.com/pod-product-compliance
Lightning Source LLC
LaVergne TN
LVHW041311180726
843489LV00007BA/2741